D0823347

A mon trésor !
Bonne lecture.
Je t'aime
J. Philippe.
x x x

BONJOUR TENDRESSE
Une pensée-tendresse par jour

DU MÊME AUTEUR

Aux éditions Albin Michel :

Papa, Maman, écoutez-moi vraiment. À l'écoute des langages du corps et de l'imaginaire chez nos enfants, 1989.

Je m'appelle toi, roman, 1990.

T'es toi quand tu parles. Jalons pour une grammaire relationnelle, 1991.

Contes à guérir, contes à grandir. Une approche symbolique à l'écoute des maux, 1993.

L'Enfant Bouddha (illustrations de Cosey). Retrouver l'enfance d'un maître, 1993.

Heureux qui communique. Pour oser se dire et être entendu, 1993.

Tarot relationnel. Communiquer en jouant, plutôt que jouer à communiquer, 1994.

Paroles d'amour, poésies, 1995.

Charte de vie relationnelle. Pour communiquer à l'école, 1995.

Communiquer pour vivre. La sève de la vie, 1995.

C'est comme ça, ne discute pas ! ou les 36 000 façons de (ne pas) communiquer avec son enfant, 1996.

En amour... l'avenir vient de loin. Poétique amoureuse, 1996.

Tous les matins de l'amour... ont un soir, 1997.

Pour ne plus vivre sur la planète TAIRE. Apprendre à communiquer avec la méthode ESPERE, 1997.

Éloge du couple, 1998.

Toi, mon infinitude (calligraphies de Hassan Massoudy), 1998.

Chez d'autres éditeurs :

Supervision et formation de l'éducateur spécialisé, éd. Privat, 1972 (épuisé).

Parle-moi... j'ai des choses à te dire. Vivre en couple, éd. de l'Homme, 1982.

Les Mémoires de l'Oubli (en collaboration avec Sylvie Galland). À l'écoute de son histoire, éd. Jouvence, 1989.

Si je m'écoutais... je m'entendrais (en collaboration avec Sylvie Galland). Vivre avec soi-même, éd. de l'Homme, 1990.

Aimer et se le dire (en collaboration avec Sylvie Galland). La vie sexuelle entre plaisirs et doutes, éd. de l'Homme, 1993.

Je t'appelle tendresse. Poétique relationnelle, éd. L'Espace Bleu, 1984.

Relation d'aide et formation à l'entretien. Une formation à la relation d'accompagnement, Presses Universitaires de Lille, 1987.

Apprivoiser la tendresse. Vivre la tendresse à plein temps, éd. Jouvence, 1988.

Jamais seuls ensemble. De la rencontre amoureuse à la relation de couple, éd. de l'Homme, 1995.

Jacques Salomé

BONJOUR
TENDRESSE

Une pensée-tendresse par jour

Illustrations de
Dominique de Mestral

Albin Michel

© Éditions Albin Michel S.A., 1992
22, rue Huyghens, 75014 Paris

ISBN 2-226-06193-2

«J'aimerais garder
l'amitié du vent et du soleil»,
chante Julos Beaucarne.
J'aimerais pour ma part,
préserver l'avenir de la tendresse,
comme je voudrais protéger
le ciel, la terre et les océans.
Pour les offrir toujours vivaces,
à mes enfants et à mes petits-enfants.

Chacune de ces pensées
est vivante.

Chacune peut s'actualiser
dans votre existence.

Il vous appartient
d'en féminiser la forme,
d'en masculiniser l'expression,
d'en personnaliser le sens.

Il vous revient
de vous en approprier la signifiance,
de rencontrer ces mots au présent
de chaque jour,
de les inscrire au plus doux
de vos possibles.

Jacques SALOMÉ
Été 92.

Recevoir
c'est un présent
au présent
de l'instant.

De toi à moi
j'accueille comme une douceur
ton ouverture
aux possibles d'un partage.

Quand chaque instant
est gros d'éternité
je vis trop vite.

A l'offrande de la vie,
— tu me remplis, dit-il,
— c'est vrai, dit-elle, je te reçois.

La tendresse
est un fil de soie au présent
tissé avec la trame
de l'attention proche.

Si tu apprends à nourrir
la beauté de ta vie
plus que celle de ton corps,
celui-ci en gardera
la trace fervente.

Une main posée juste
est plus qu'une caresse.

Le temps ne sait pas toujours
que les rêves
sont nécessaires à sa croissance.

Au goutte-à-goutte
de la vie
se nourrit sans fin
la faim d'une rencontre.

朔

Apprendre le temps
de vivre
pour mieux te rejoindre
au secret de toi.

T'aimer
jusqu'à rêver
c'est grandir
ta présence.

En janvier
le jour frileux
descend toujours trop tôt
dans le caprice des heures si courtes.

Combien d'angoisse
faut-il détruire
pour un sourire,
pour un élan !

Quand il est doux
d'être près de toi
et vital de te le dire.

Il est des soirs
où les ombres sont en lumière
tant est limpide mon envie de toi.

Dans un échange les mots
ne sont que les cailloux,
ils ne sont pas le chemin.

C'est au petit matin
que se joue
l'inutile ou l'imprévisible
d'un recommencement.

Ton amour :
un ciel toujours bleu
ensoleillé
de nos rencontres.

Tu es habitée
de plus de rêves
que toutes les nuits réunies
n'en posséderont.

Au grand large de ta présence
j'ai besoin d'infini.

Le partage amplifié
jusqu'aux étoiles
est le sens même
de la relation.

T'écrire pour pouvoir
dire et découvrir
tout ce que je ne sais
pas encore.

C'est en osant te dire
NON
que j'ai appris à te dire
OUI.

Il y a parfois
dans ton bonheur
l'émerveillement
du mien.

Et prendre le temps
de me dire
pour mieux me rencontrer
aux échos de toi.

Être aimé...
Devenir cadeau
pour un seul
de tes regards.

Dans ma mémoire des chemins vers toi
naissent comme des étoiles un soir d'été,
les désirs ensoleillés du lendemain.

Laisse naître
une parole tienne
pour enfin
la chanter.

Je t'aime
déjà depuis mille ans
et l'instant qui suit
est soudain trop court.

Tu as ce goût d'infini
car tu m'as donné l'essentiel.

La tendresse
c'est mon regard émerveillé
sur ce que tu me donnes,
c'est ton regard ébloui
sur ce que je reçois.

L'amertume
c'est de la tendresse fanée.

Imagine ta vie
comme un chemin
dont tu es l'horizon
et la source.

道

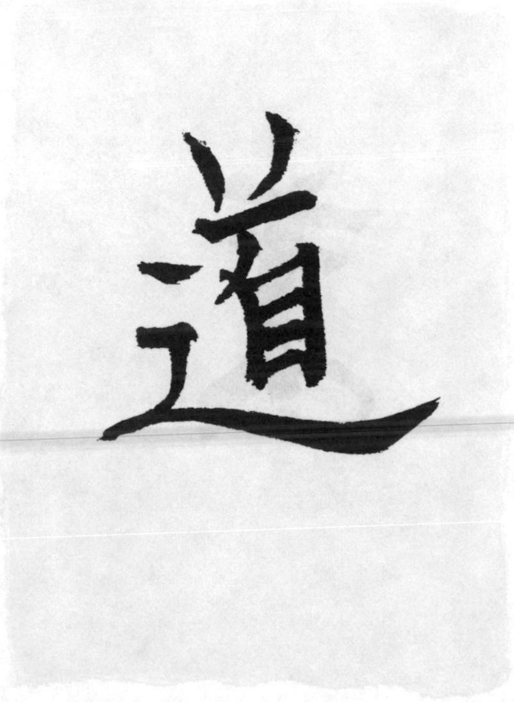

Il y a des instants
qui chantent et qui rient
aux seuls souvenirs
d'un merveilleux
à venir.

Trente-cinquième jour de l'année — 4 février

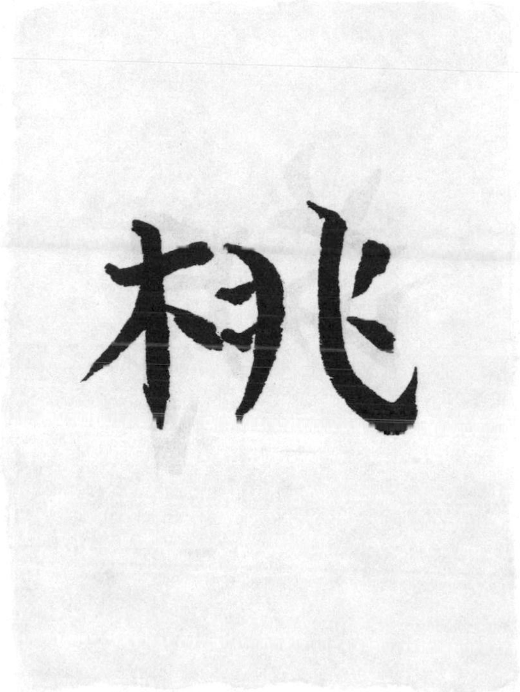

A la souventième fois
de mes je t'aime
je n'ai pas renoncé
je t'aime.

Quand l'aurore du soir
nous dépose en germe
aux berges de la vie.

Avec nos abandons
se vendangent les possibles
de toute une folie
trop longtemps retenue.

Chaque sourire reçu
est un soleil
pour me faire grandir.

L'étoile est belle
parce qu'elle laisse deviner
l'infini dont elle s'entoure.

Aimer, c'est devenir foyer,
réceptacle et source
de tout le meilleur et le bon
que l'on veut à l'autre.

Il est des moments
où les distances sont vaines
tant est réelle
la présence de toi.

La nostalgie
c'est tout ce que je ne t'ai jamais dit
c'est tout ce que je n'ai pas entendu de toi.

Aimer l'autre
à partir des pleins de nos possibles
et non des trous de nos manques.

Renoncer à ce qui nous manque
est souvent plus douloureux
que de renoncer à ce que l'on a.

C'est au sortir de l'hiver
que s'inventent les rencontres
porteuses de printemps.

Le comble
dans la recherche de la vérité
c'est que parfois
on la trouve.

A trop vouloir que l'autre
soit autrement qu'il n'est
je m'éloigne de lui et le perds
chaque fois davantage.

S'inventer des désirs à partager
plutôt que de croire
avoir des désirs communs.

Ose le meilleur de ta vie
car personne d'autre
ne la vivra pour toi.

Quand un amour a été vraiment reçu
il permet, parfois,
de quitter celui qui l'a offert.

Le plus difficile dans la vie
c'est d'oser la vivre en entier
et non par morceaux.

Ah, être amoureux
de quelqu'un doué pour le bonheur
et me laisser porter
par l'immense générosité
qu'il éveillerait en moi.

店

La liberté des sentiments
passe par une liberté de la parole
aussi douloureuse soit-elle.

Donner autre chose
que ce qui est demandé
c'est aussi la richesse
des différences.

Inventer une relation de plaisir
pour aller au-delà
d'une relation d'attachement.

Dans le silence d'après l'amour
seuls les mots-cadeaux
peuvent étancher
les trop-pleins du cœur.

La tendresse
c'est parfois se taire
pour être entendu.

Si je ne peux changer une situation
je peux en transformer le sens.

Si je ne sais pas t'inviter
à me sourire
ose le premier pas.

L'attente
est un espace de tendresse
telle une source
qui ne sait rien de son devenir.

Si ce que tu vas faire et vivre
n'est pas plus beau
que ce que tu ne fais ou ne vis pas
ne le fais pas
ne le vis pas.

Il y a autant de douleur
à se dire ou à se taire
si je ne sais comment
je suis reçu.

Avoir peur de dire
je t'aime
c'est quand le doute de se sentir aimé
voisine avec le désir
d'être aimé.

L'intense d'une communication
est plus dans la qualité
d'un regard et d'une écoute
que dans celle des mots.

Ton corps
toujours me porte
je me délie en toi
et c'est le chant du jour.

En inventant cet amour-là
l'un puis l'autre
nous fûmes plus éternels
que de coutume.

Pour te rejoindre un moment
au plus proche de toi
dans le vivant de tes yeux
dans la caresse de tes mains
dans l'infini de ta respiration
dans l'ondulance des corps.

Ma vie n'est pas derrière moi
ni devant
elle est ici et maintenant
elle est au-dedans.

的

J'ai voulu te retenir un instant
pour puiser la force
de te laisser aller.

Quand tu m'offres le sourire d'un regard
je deviens le plus beau sourire du monde,
le regard le plus large,
l'attente la plus profonde,
la certitude la plus étonnée.

La tendresse ne comble jamais un vide,
elle rejoint le germe d'un plein
et s'agrandit ainsi pour nourrir
l'instant d'une rencontre.

Je pars chaque matin
ensemencé de retrouvailles.

Il y a tant d'indicible dans l'amour
qu'il est urgent de dire le dicible.

Surtout
ne laisse pas
la vie se taire.

Pour conquérir sa liberté
le tout n'est pas d'atteindre l'Amérique
mais d'oser quitter l'Espagne.

Faire rire l'instant
pour te rejoindre
là où tu es.

Il y a des paroles qui savent écouter
et même des paroles ouvertes
qui permettent de s'entendre soi-même.

Il faut se fréquenter... soi-même
assidûment
pour se rencontrer
pour se découvrir
pour s'aimer, enfin.

La communication intime
sert à dire à l'autre
ce que je découvre
et à me dire à moi-même
ce que je ne sais pas encore
et que je vais enfin entendre,
justement en le disant.

Sur les rives de ma vie
le temps de toi
prend son temps,
il coule doux, scintillant
au présent.

La vie n'est pas ailleurs
elle est là, vivante
dans la palpitation du présent
dans l'élan du moment
dans le mouvement de l'instant.

Ma souffrance n'est pas de te perdre
elle est dans la nostalgie
de n'avoir pas su te rencontrer
aux mille détours de notre vie commune.

La naissance
c'est faire entrer une parole vivante
dans un corps inachevé.

Ce n'est pas ce qui est obtenu
qui est parfois le plus important,
c'est tout le possible en éveil.

Quand ton écoute généreuse
me permet de mieux m'entendre
en disant l'indicible.

Communiquer pour rester ouvert
aux possibles de l'autre
et demeurer en attente
sur ses mystères.

J'ai oublié trop souvent
d'arrêter le temps vorace
pour prolonger la source de tes baisers
jusqu'à l'horizon d'un océan.

Pouvoir te dire
le manque et le plein de toi
sans t'envahir.

J'aimerais que mes seules pensées
te lavent de tes fatigues
et dissipent tes inquiétudes.
C'est ma façon à moi
de m'occuper de toi.

J'ai mis longtemps à découvrir
qu'une caresse
naît bien avant la rencontre,
mais ne peut vivre et s'épanouir
que dans un échange émerveillé et unique.

La vie s'exprime sans mot
mais elle fait exister ce qu'elle dit.

Je ne suis pas comme tu me vois,
je ne suis pas comme je me montre,
je ne suis pas comme tu m'imagines,
et j'ai quand même besoin d'être reconnu

Si tu sais renouveler tes admirations,
tes enthousiasmes et tes étonnements
alors ta vie devient une offrande
à tes possibles.

Partout, sur ton corps
je trouve des chemins qui m'éblouissent
car ils me conduisent
au meilleur de toi.

梅

Je me sais vivant
quand ma vie est devenue
le plus beau cadeau
de mon existence.

Lorsque tu es loin
ton absence
danse avec mon espérance
et je câline l'ardeur de mon attente
aux rires des souvenances.

Avec le corps en désirance
j'ai traversé toutes mes vies
pour atteindre de toi
à jamais
la seule aimance.

Ta tendresse, une île émerveillée
sertie dans l'océan de mes regards.

Au bourgeon auréolé du rêve
je sais la durée de la nuit,
un instant d'infini.

C'est moi-même, parfois, que je répare
en te donnant ce qui m'a manqué
et que je voudrais tant recevoir.

Quand votre présence est légère et vivifiante
comme une odeur de sous-bois,
un matin d'avril,
vous êtes bien sur le chemin
du meilleur de vous-même.

Les mots sont semblables
aux pieds nus d'un enfant
qui se lève au milieu de la nuit
à la recherche
d'un rêve qui n'est plus.

Il est des jours d'avril
aux soupirs délicats
aux élans impatients
aux sources réveillées.

Le temps de ton absence
est plus fort que le temps de ta présence
c'est pour cela que je te cherche
même quand tu es là.

Rien ne nous prépare à l'imprévisible
aussi le laissons-nous trop souvent
se perdre dans l'impossible.

Oser demander l'impossible,
l'incroyable, l'inouï,
c'est ouvrir l'autre à toutes ses ressources.

Il faut avoir des oreilles pour voir
ce que les yeux entendent
et rien ne peut remplacer
l'écoute d'une main.

Je te serre très fort
avec l'espoir de t'ouvrir.

Avec toi aussi
découvrir le bonheur de donner
avec toi encore
laisser chanter l'imprévisible.

Puissent tous les jours de ton absence
voguer vers des rires
et m'ensoleiller des rêves qui t'habitent.

De sourire en sourire
de silence en silence
nous allons doucement
l'un vers l'autre.

Et ce goût du bonheur
qui déjà m'émerveille
chante si fort la vie
que soudain je m'éveille.

Le possible est souvent juste
un tout petit peu après
l'impossible.

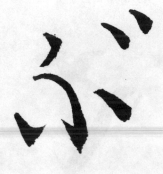

La différence est nécessaire
le manque aussi
pour que naisse le désir
et survienne la rencontre.

路

Les parents
font parfois les enfants
mais toujours les enfants
font les parents.

La porte du changement
ne peut s'ouvrir que de l'intérieur.
Chacun en détient la clef.

Je décide ce jour de supprimer
les mots barrages :
« Il faut que »
« Tu dois »
« Jamais »
« Toujours »
« Impossible et pourquoi ».

Après avoir dit longtemps
J'ai envie de faire l'amour avec toi
j'ai découvert l'envie
d'être amour avec toi
et le bonheur de l'être.

Aller plus loin avec quelqu'un
c'est parfois aller plus près.

La rencontre
à ne pas confondre avec la relation
est le temps des espoirs les plus fous,
l'illusion que l'incomplétude fondamentale
de chacun va être comblée.

Oui, j'ai besoin de ton regard sur moi
mais j'ai surtout besoin
d'une parole à moi.

Il y a dans les rêves
des trous de réel
par où les songes s'échappent
et se réveillent désirs.

Dans la vie quotidienne
je désire l'extraordinaire
et dans les moments extraordinaires
j'ai besoin de quotidien.
Dans le quotidien je désire l'extase,
dans l'extraordinaire j'aspire à la tranquillité.

C'est tout le temps
et l'espace ouvert de la rencontre
que je veux retrouver
dans celui de la durée.

C'est dans le bleu du ciel
que je t'écoute
et dans le rire des saisons
que je te cherche.

J'ai souvent besoin d'un baiser
quand je me souviens
de ceux que j'ai attendus
en vain.

Tu me berces dans mes abandons
les plus fous
et je ne cesse de t'apprendre
et de te découvrir
pour ne plus t'oublier.

Je me veux plus proche de toi,
non parce que c'est plus simple
que d'embrasser l'humanité tout entière
qu'il faudrait pour te remplacer,
mais parce que tu es toi.

Devenir un être désirant,
c'est prendre le risque
de blesser l'autre
en énonçant des désirs différents.

Celui qui ne confond pas son désir
avec l'objet de son désir
reste ouvert
aux possibles de la tendresse.

Le silence use les mots
plus que leur usage.
N'hésitez jamais
à sortir un mot du silence
pour lui donner plus de vie.

Mon en-vie, c'est avec toi
que j'ai envie de la vivre.

L'indépendance et l'autonomie
sont fonction de notre capacité
à répondre au besoin de solitude
qui habite chacun de nous.

Agrandir une relation
c'est aller plus loin que les sentiments
pour rapprocher et relier entre elles
des différences.

Les liens du cœur ne suffisent pas
à maintenir ensemble deux personnes.

La difficulté du partage
n'est pas seulement de dire,
c'est de se sentir entendu.

仙

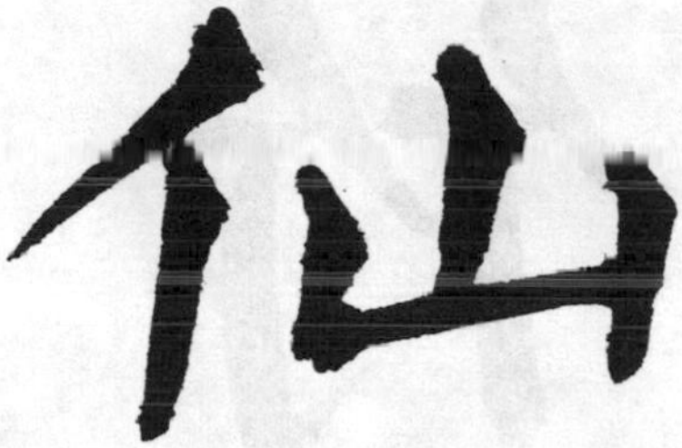

Je suis prêt à l'étonnement
et à l'imprévisible certitude
que demain
tu m'aimeras encore.

Ce n'est pas en entrant dans tes choix
mais en disant les miens
face aux tiens
que je peux choisir réellement.

Vieillir ensemble
ce n'est pas ajouter des années à la vie
mais de la vie aux années.

L'aimance se nourrit
de proximité et de distance
pour devenir co-naissance.

Un jour,
j'ai osé te montrer mon jardin secret
et tu as ri du bonheur
de ne pas comprendre
pour ne pas m'en déposséder.

Un seul mot
pour me rapprocher,
pour avancer plus vite vers toi :
Jetaime.

La relation amoureuse
a des résonances océaniques
dans ses flux et reflux,
dans s'ouvrir et se fermer,
parler, se taire,
s'étreindre, se séparer.

Il faut grandir longtemps
pour découvrir que des larmes de joie
sont les rires de la vie
à l'aube d'un regard.

Ton bonheur s'entendait loin
au seul rire de tes yeux.

Le plus beau cadeau fait à un être aimé,
la non-appartenance.
Je ne possède pas celle que j'aime,
je la reçois.

Cent quarante-sixième jour de l'année — 26 mai

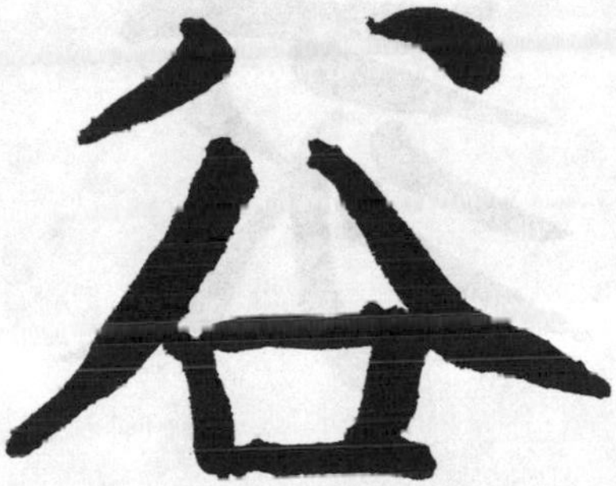

Tu sais mes désirs,
tu devines mes peurs
et me rejoins
dans mes rêves les plus insensés.

Au moment même
où les mots se dérobent
j'ai tant à te dire.

En te lisant
j'entends tout ce que tu ne dis pas.
En te relisant
je découvre tout ce que j'ai à te dire.

Je n'ai jamais su te dire
l'émotion de ta présence,
l'éveil de ton regard,
l'invention de tes gestes
dans l'impalpable du quotidien.

Une journée est vivante
quand je te porte dans mes rires,
dans mes projets
et dans mes enthousiasmes.

Quand c'est beau comme dans un rêve,
c'est encore plus beau
parce que ce n'est pas un rêve.

Accueille-moi au plus près
non seulement dans ta mémoire
mais au présent de l'instant.

Il y a ceux qui se cramponnent
à leur bonheur
et ceux qui s'abandonnent
à leur bonheur.

Il n'y a pas de remède à l'amour
mais des fortifiants,
je n'en connais qu'un seul :
Aimer davantage.

Quand le goût d'être vivant
devient plaisir à se rencontrer.

Chacun de nous est relié
au mystère universel :
celui de la vie.
Toi aussi, chaque jour,
tu es un écho de ce mystère.

Surtout ne croyez pas à mon indifférence
si je vous réponds par du silence
j'écoute mieux les murmures
de notre relation.

Il faut ajouter aux mots d'amour
une impulsion, un mouvement,
pour les transformer en caresse.

Pour te recevoir sans me briser
et te rejoindre sans éclater
je suis déjà là
bien avant mon arrivée.

A ce goût d'éternité
aux germes du désir
j'ai reconnu notre rencontre.

La vie est à tous.
Dans le ventre étonnant de l'existence
il y a une place pour chacun.

Le plus important
n'est pas ce que l'on donne aux autres
mais ce que l'on éveille et permet en eux.

La tendresse
c'est la sève palpitante
de la relation.

Au-delà de tous mes voyages,
au plus loin de tous les visages
c'est toi que je rencontre.

L'amour
c'est quand il n'est jamais trop tard
d'ouvrir mes bras
pour t'y jeter.

Le bonheur
c'est oser dire oui
avant même la demande.

Le malheur du bonheur
c'est d'être seul
à être heureux.

C'est quand je mets
bout à bout tous mes rires
que je sens la joyeuseté en toi.

Quand mon corps
garde la mémoire de toi
il vibre à ton seul souvenir.

要

Je t'envoie un rire doux
sur un rayon de lune,
un rire si ému
qu'il faudra plisser les yeux
pour le voir.

Je sais que je t'aime
car l'étonnement de mes découvertes
m'habite longtemps après l'apaisement.

Pour être heureux
il suffit d'accepter
l'imprévisible.

Ce n'est pas la fidélité aux souvenirs
qui est la plus vitale,
c'est la fidélité à ton présent.

Un jour, j'ai même appris
à accueillir ton bonheur
sans t'en déposséder.

Quand ton besoin de moi
est une offrande
j'accueille enfin
tous mes désirs.

Ne viens pas à nous
sans désir
car je me sais à la fois
offrande et recevoir.

Ce soir
le ciel est en fleur
et la terre est en ciel.

Certains soirs
il y a dans tes yeux
des éclats de rire
où la nuit se dissipe
et fait croire aux matins.

La seule issue possible
loger l'instant
dans un coin d'éternité.

Je veux que toi et moi
osions l'impossible
afin que chacun de nous
rencontre l'incroyable.

Comment dire
l'inépuisable soif
de se sentir important
pour un être aimé.
Comment exprimer
l'inextinguible désir
de se l'entendre dire.

雨

Avant de te rencontrer
je ne savais rien du bonheur
et puis
je l'ai vu s'agrandir dans mon corps,
avec ta présence.

Il est bon de faire confiance
à ses ressources
et de rester prudent
sur celles d'autrui.

Quand les mots
soudain s'échappent
pour devenir paroles
et rejoindre l'intime
de ton écoute.

Aujourd'hui peux-tu
oser un geste nouveau
peux-tu inventer
une rencontre inédite ?

青

Nous naissons chaque jour
avec un espoir nouveau :
celui de rester ou d'entrer
dans le cycle de l'amour.

La vie est un éclat de rire
ciselé de plaisir
et toi une main ouverte
vendangeant mon désir.

Quand tu es là, je le sais.
Aux bourgeons des étoiles
scintille notre accord.

Aussi loin que je puisse rêver
tu es dans la lumière
et dans mes songes.

Communication fertile :
un espace de possibles
entre l'irrésistible besoin de l'accord
et l'inéluctable nécessité de la différence.

Découvrir chaque jour
la vie comme une urgence
et ralentir le temps
pour l'accueillir sans réserve.

Changer
n'est pas devenir quelqu'un d'autre,
c'est reconnaître qui l'on est...
et l'accepter.

La seule non-liberté possible,
celle des sentiments,
car je n'ai pas choisi de t'aimer
ou de te désaimer.

Laissez-moi vous dire
l'éveil d'une parole
qui ouvre l'horizon
et l'amplifie jusqu'au soleil.

Il n'est pas de soleil
sans l'éclat de ta chair
il n'est pas de nuit
sans l'envie de tes bras.

Rosée d'amour
dénudée à l'attente du jour
tu scintilles plus belle
à chacune de nos rencontres.

ノか

Je veux
mettre une étoile dans mon appartement
et c'est fou le nombre d'amis qui me disent :
« C'est impossible. »

Il est des jours
où je sais respirer tes abandons
et m'enflammer de tes aimances.

Certains matins
la terre se fait ventre
contre la courbe d'un sein
et je sais même des horizons
dans l'émouvance de ton regard.

Ne résistez pas
à la présence du bonheur,
car son absence plus tard,
fait trop mal.

Elle gardait dans son œil
l'éclaboussure lumineuse
d'un rire.

Vous êtes bien dans la tendresse
quand la vie immense
chante et resplendit
dans chacune de vos rencontres.

Si, à tout instant
tu es habité par elle,
si tu vis le présent
dans une sorte de rayonnement,
ces signes ne trompent pas.
C'est que tu l'aimes.

Bien avant les mots
s'offre ton sourire
et bien avant tes baisers
je reçois ton abandon.

Approche-moi au plus près possible
qu'il soit pour toi.
Je ferai le reste du chemin
au plus proche de toi.

A la déchirure de mes rêves
vous êtes apparue
et votre main, déjà,
dessinait mes désirs.

Au-delà des mots
des pensées deviennent caresses
par les vibrations
de qui sait les accueillir.

Je t'invente
à chaque rencontre
et te découvre inespérée.

L'amour c'est oser
occuper à plein temps
l'infini de toi.

S'aimer d'abord par les yeux
pour mieux recevoir
les rires de nos corps.

Je connais de mémoire
le futur de mon cœur
il sera ma rencontre
avec toi.

Si tu ne sais que faire de tes mains
transforme-les en tendresse.

L'amour
c'est quand je te souris
et que tu t'illumines
émerveillée de me recevoir.

Quand l'été ruisselle sur ta peau
et que les vacances s'étirent
en des jours d'infinies errances,
je me sens provisoirement immortel.

Il faut beaucoup
d'amour et d'humour
pour bien vieillir.

Pour me dire j'ai besoin
de regards, de sourires et de gestes
et même de mots à inventer.

La prévision acharnée de l'imprévu
stérilise les possibles
de l'imprévisible.

愁

Quand je donne en abondance
ce que j'ai surtout envie de recevoir,
l'autre reste privé de l'essentiel :
le don gratuit.

Parler de soi, cela est difficile
en particulier pour les hommes,
car dire de soi semble une incongruité,
paraît incompatible avec la dignité masculine.

Si tu me donnes trop
tu ne peux recevoir
ce que j'ai à t'offrir.

Avec toi
je me sens plus intelligent,
plus vif, plus léger, plus généreux.
Comme si j'entrais plus entier
dans le temps poétique de ma vie.

Au corps à corps de l'amour
tu deviens abondance
et l'infini des matins bleutés
nous prolonge étonnés
jusqu'au seuil des midis du plaisir.

Je n'ai jamais le manque
de toi
seulement une envie écarlate
dans un corps de cannelle.

Il n'y a pas de changement vrai
sans crises et sans souffrances.
Mais ce n'est pas en recherchant
les conflits et la douleur
que je vais changer.

De naissance en découvertes
de partage en offrande
nous réinventons
un bonheur au présent.

L'infidélité la plus terrible
c'est de tromper le meilleur de soi
en ne se respectant plus.

Avant d'avoir un point de vue commun,
il est utile de mettre en commun
nos différents points de vue.

Sur le chemin à vif
des désirs flamboyants
se déploient les projets
et la ferveur des attentes.

Il n'est pas de rivières
sans l'eau de tes baisers
et je sais même des horizons
aux courbes de ton corps.

Ton rire sème des étoiles
au plein midi de nos regards
et l'horizon de nos attentes
s'enflamme au bleu de tes espoirs.

La bonne distance va permettre
de différencier dans un Nous
trop étroit
le Toi et le Moi.

石

La pire des colères, la plus terrible,
est celle que j'ai contre moi-même
quand je n'ose entendre
ce qui a été blessé en moi.

L'amour
dans son exigence extrême
ne peut se contenter de la durée,
il veut l'instant et l'éternité.

Chaque impossibilité
dévoile un rêve.
A rêver les impossibles
de ta vie
tu l'agrandis aux horizons du ciel.

Laissez-moi vous dire enfin
la joie du désir
à l'aube des amours
et l'infinie tendresse
à vous le dire ainsi.

Avec la certitude
que la vie est un cadeau
révélé dans l'instant de notre rencontre.

Souvenance,
où j'apprivoise
avec des gestes maladroits
l'espace qui te contient encore
et le temps de toi qui se dérobe.

Je préfère t'aimer au présent,
dans l'immédiat, dans le fugace instant
et non dans le toujours.
Je t'aime dans chaque seconde
et je tente de les retenir
pour en garder plus profonde l'empreinte.

Permets à mon sourire
de te dire ma tendresse,
permets à ma main
de t'apporter du doux,
permets à mon regard
de te dire ton importance.

Tu m'ouvres avec un baiser
et m'agrandis avec tes abandons.

Je t'ai reconnue
au rire de tes yeux
et c'est ta gentillesse
ma pudique
au goût d'éternité
qui m'a rejoint.

Parfois
en prenant le risque d'une rupture
je redécouvre
le respect de mes possibles.

Il est des déchirures heureuses,
celles qui écartent le noir et le vide,
celles qui s'ouvrent
sur le soleil d'une rencontre.

Elle savait écouter
avec un silence si intense
que j'entendais ce que je disais.

Soyez les poètes de votre vie.
Osez chaque jour
mettre du bleu dans votre regard,
et de l'orange à vos doigts,
des rires à votre gorge et surtout,
surtout une tendresse renouvelée
à chacun de vos gestes.

Quand la vie se promène
dans tes regards offerts
comme autant de douceurs
à l'aurore d'un soir.

Déjà le temps vorace
enferme nos plaisirs
dans la bulle bleutée
des souvenirs de vacances.

Opulent dans ses bienfaits,
tressé de souvenirs
semé déjà de retrouvailles,
ce mois a des ailes
vers des projets à inventer.

Donne-moi ton écoute
pour ensemencer ma mémoire.
Offre-moi tes partages
pour vendanger mes possibles.

Vous êtes aussi une source souterraine
tentant de rassembler
par d'infinis ruissellements
venus du plus lointain de votre histoire,
les flots anciens d'un devenir.

Viens, me disais-tu
je n'ai désir que de t'aimer.

... Et dire quand même
tout ce qui peut s'exprimer hors des mots,
le silence surtout
dans ses ardeurs extrêmes.

Apprendre le temps
de t'écouter
pour mieux te recevoir
aux rythmes de toi.

Le temps
toujours fidèle à l'instant
résiste mal
aux attentes meurtries.

La vie est une ardente amoureuse
trop souvent esseulée.
Si tu sais l'accueillir,
elle te révèle son amour.

A t'aimer comme tu es
avec ce que je suis
je nous reste fidèle.

La tendresse
c'est comme l'oxygène
il y en a partout
mais nous sommes sous-équipés
pour la recevoir simplement.

Retrouver l'amour de soi-même
pour pouvoir enfin
s'accompagner dans la vie
avec sérénité.

La rencontre avec la vérité
est fugace, fragile
laissant des éclairs de certitudes
en des abîmes de doutes.

Tenir dans ses deux mains
la joie et la douleur
et jongler avec elles
pour les garder en mouvement.

Le mot camarade m'a longtemps habité
et je l'associais alors
à la générosité de la vie.
Aujourd'hui je le découvre
comme une rareté.

La tendresse ne possède rien
car c'est un passage
vers le multiple et l'abondance.

Aimer, ce n'est ni brûler ni se consumer,
mais entretenir le feu, le nourrir
parfois au prix de ses propres besoins,
parfois seulement.

Apprendre le temps
d'un espace
pour mieux trouver ma place
aux limites de toi.

J'ai envie
de tous tes possibles
et le besoin
de tous les miens.

Et je cherche en toi
qui ne sais rien de tout cela
ce que je ne sais pas
moi-même.

A chaque instant
ré-inventons
l'incertitude bleue
des lendemains de nos désirs.

Nous sommes des êtres de langage
quelles que soient les langues utilisées.
Nous sommes des êtres de relation
avec ce besoin inouï
d'être reliés à plus que nous.

Aimer
C'est accepter de dépendre
de celui que l'on aime
pour être plus libre d'être.

J'ai renoncé à bien des mots
pour écouter ton silence.

Ton nom est un instant d'éternité
inscrit dans mon présent.

A un certain âge
rien ne sert de mordre.
Oser laisser fondre
l'élément vital dans sa bouche
et goûter au doux de la vie.

Le mot « quotidien »
a pour sens originel :
Super-essentiel,
le savais-tu ?

S'il est difficile de faire l'économie
de la souffrance qui naît
dans toute relation amoureuse,
du moins peut-on apprendre
à ne pas l'entretenir,
à ne pas la nourrir.

Je respecterai tes zones d'ombre
mais sache qu'à l'ombre
je me flétris.

Quand je sais recevoir
j'ai moins besoin de demander
ou de prendre.

Le leurre du faire plaisir :
se conformer sans cesse
à la demande de l'autre,
sans entendre son désir.

Dans un couple l'écoute est souvent liée
à une attente essentielle :
celle d'être reçu, entendu, reconnu,
là où nous sommes.

Toute rencontre
est susceptible d'éveiller l'impensable,
en se souvenant que «impansable»
peut s'écrire aussi comme cela.

Et cependant
il restait tant et tant à dire, tant à partager,
Tant de lendemains à préparer
pour les fêtes à inventer
de nos retrouvailles incertaines.

T'écrire une seule pensée
pour te dire seulement :
Viens, viens, appelle-moi encore,
laisse-moi t'accueillir tout près,
laisse-toi porter vers moi.

Tu étais la vie étourdissante
inconsolable à jamais
de trop de désirs à vivre.

Il arrive parfois
de ne pas s'aimer assez
pour pouvoir aimer l'autre.

J'ai été longtemps malade
du seul désir d'avoir tout,
puis tu es venue me combler
de ton désir.

Le plus difficile dans le changement
c'est de vouloir remettre en cause
un choix... qui n'a jamais été fait.

Être ou rencontrer
une femme à la jeunesse vespérale,
dont la seule beauté
est dans sa liberté d'être.

L'amour partagé
ne naît pas d'un regard
ou d'une attirance
mais de la rencontre de deux attentes
et de deux offrandes.

Il arrive parfois à deux êtres
de s'aimer
à ne savoir que faire
de leur amour.

L'essentiel est partagé
quand vous n'avez plus besoin
de nommer vos désirs
ni de réclamer plus d'attention.

Osez chaque matin vous pardonner
de ne pas être ce que vous n'êtes pas,
cela vous permettra
d'être mieux ce que vous êtes.

Un dimanche ordinaire
où le temps nous presse
d'agrandir nos regards
d'ouvrir nos sens
d'entrer dans l'immense
tendresse de l'instant.

L'amour est mouvement.
Quand un amour s'immobilise
il agonise sans même le savoir.

La tendresse c'est aussi
savoir ne pas envahir l'autre
de son amour
quand il ne peut le recevoir.

Ce mouvement vers moi
est aussi un chemin vers toi.

Tu le sais,
les bonheurs choisissent
les instants les plus fragiles
pour se dire en entier
et pour se perdre trop vite.

La tendresse a besoin pour naître
de l'immobile et du silence,
c'est l'anti-vitesse.

Il y a un passage difficile en amour
quand nous faisons payer trop cher
à l'autre
l'amour que nous lui donnons.

Ce qui cherche à se dire
le plus vitalement
c'est toi là où tu es moi,
moi là où je suis toi.

La détérioration profonde d'une relation
commence quand les non-affinités
prennent le pas sur les affinités.

L'important dans un couple,
n'est pas de rendre l'autre heureux,
c'est de se rendre heureux soi-même
et d'offrir ce bonheur à l'autre
comme un don gratuit.

Il y a encore cette nostalgie tenace
d'être passé trop loin de l'essentiel,
trop près du futile
et bien au-delà du possible.

Nourrir les déceptions,
alimenter les frustrations
est une occupation essentielle
pour entretenir le ressentiment.

Nul n'est plus exigeant
que celui qui ne demande rien...
et le dit avec véhémence.

Quand l'absence de toi devient usure
quand le silence devient nuit
et me déchire
je me dilue et me perds.

Il est des moments
où tout s'échange uniquement
par des regards
ou plus simplement encore
par intensité des intentions,
d'élans à désirs,
de désirs à offrande.

Je ne te propose pas l'éternité
seulement le présent
au présent.

Je sais ton écriture aimante
quand sa trace resurgit et m'appelle
bien longtemps après l'avoir reçue.

Puis-je dire aujourd'hui
j'ai besoin de toi
parce que je t'aime
et non, je t'aime
parce que j'ai besoin de toi ?

La tendresse
n'est pas un sous-produit de l'amour,
elle en est la sève vivifiante.

Quand une parole
trop longtemps étouffée
se libère
et devient étonnement.

Le désamour, c'est parfois cela :
Des regards qui ne se voient plus,
des élans qui se croisent,
des gestes qui s'ignorent,
un immense malentendu au quotidien.

Ne trahissez pas les promesses
de votre jeunesse,
celle-ci vous en sera reconnaissante
en vous les rendant plus tard.

Je devrais chaque matin
te remercier ma terre
d'être née à l'aube de l'Univers
et de porter tes années
avec tant de jeunesse.

Aux soirs de lassitude
les trop-pleins du cœur
ont besoin d'être reçus
avec un sourire unique.

Ose vivre ta vie
toi seule le feras pour toi.

Car nul ne sait
jusqu'où ira
l'amour d'un seul regard.

Aussi proche
aussi loin que tu sois
je te rejoins.

Si tu parles trop sur moi
je ne m'entends plus
et ne peux t'écouter.

Il y a aussi
les caresses secrètes longtemps imaginées,
polies au souffle des rêves et des respirations
ciselées au creux d'un soupir,
grossies au ventre des attentes.

Vivre la rencontre comme une fête,
un échange émotionnel,
dans l'impalpable du plaisir
avec le goût du bonheur
et l'odeur du bon.

Ainsi, à chacune de nos rencontres
je deviens à la fois
quelqu'un d'autre
et plus moi-même.

Avant mes quarante ans,
je ne savais pas qu'il était possible
d'aimer si loin
avec autant d'intensité
avec autant de plaisir.
Qu'en est-il pour toi ?

Vous arrivez toujours
du pays de votre enfance
car il vous suit à la trace.

Ne demande jamais
la permission d'adresser la parole
à quelqu'un.
Offre-toi cette liberté de dire.

Les rêves sont des messages vivants
que nous nous adressons
à nous-mêmes.

Vous saviez tisser des regards
telle une écharpe d'amour
dans la trame profonde
de nos rencontres.

Un amour entretenu
ne s'use jamais.

Parlez-moi, parlez-moi
encore je vous prie
avec des mots d'eau-vive
pour irriguer à la fois
nos rencontres et nos absences.

Il est facile
d'apprendre ce que l'on ne sait pas
le difficile
est d'apprendre vraiment
ce que l'on sait.

Être malheureux
n'est pas un simple passe-temps,
c'est un travail laborieux
auquel certains s'emploient
à plein temps.

L'espérance
telle une respiration amplifiée
jusqu'au futur.

Le simple bonheur d'exister
un matin de soleil
à l'aurore d'un partage.

Quand les chemins de ton corps
cherchent la source de mes baisers
sous la neige des nuits
nous hibernerons doux
de caresses en tendresses vives.

Si mon rythme ou mon besoin
est d'accueillir une caresse ou un baiser,
une avalanche de prévenances
m'engloutit et me perd.

Car ce ne sont pas les questions
qui révèlent la blessure cachée
ou le non-dit
mais une écoute attentive et participative.

Quand le temps des regrets
chasse celui des désirs
vient la nostalgie de mourir
dans le temps d'une vie.

A trop rêver un amour
il est difficile
de le rencontrer au présent.

Il y a des moments d'éternité
où s'invente un instant
de présent, de futur
et de passé accordés.

A toutes les promesses
je préfère présent
ton désir couleur soleil.

Vivre, c'est sortir du rêve
pour le réaliser.
À trop rêver ses rêves
c'est la vie qu'on assassine.

L'amour
c'est que tu sois là
vibrante
à ma tendresse renouvelée.

Il faut des limites
pour aller plus loin,
celles de ta propre exigence.

Quand le cœur est violenté
seuls les yeux
peuvent pousser un cri.

C'est dans le clair-obscur
de l'intimité
que l'on fait les rencontres
les plus lumineuses.

Quand les sentiments s'étiolent
le difficile est de passer
de l'amour à l'humour.

Tomber amoureux,
c'est s'élever à la rencontre
du meilleur de soi.

Si tu me demandes
tu m'enlèves le plaisir de t'offrir.
Oui mais je t'offre
celui de me combler.

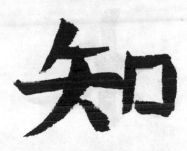

La liberté la plus difficile
n'est pas de choisir
entre plusieurs contraintes
mais d'avoir à choisir
entre plusieurs plaisirs.

J'ai fait un pas immense
le jour où j'ai compris
que j'étais seul
à entretenir mes souffrances.

Chaque fois que je dévalorise quelqu'un,
c'est une partie de moi
que j'appauvris.

Cela fait très mal d'abandonner
une souffrance
à laquelle nous sommes attachés.

Vivre ensemble
c'est inventer un avenir commun
avec des rêves différents.

Il y a des instants plus fragiles
que des pétales de larmes.
Ce sont eux qu'il faut préserver
des risques du temps.

Nous sommes chacun
des inédits de la vie.

Demain
n'est pas à découvrir
il est à inventer
dès aujourd'hui.

Ne porte en toi aucune haine
même provisoirement,
car la haine se nourrit de tout
même de l'amour.

Oser la tendresse à l'égard de soi-même
en laissant venir au jour
la lumière de son propre regard.

Ce jour est unique,
peux-tu non seulement le préserver
mais lui donner un peu plus d'amour?
Les jours aussi
ont besoin d'être aimés.

Quand ton ventre velours
accueille ma joue
et scintille tout au bord de mes cils
dans une promesse d'abandon.

A l'aurore de chaque existence
scintille une étoile nouvelle,
celle d'un espoir de vie.

Nul ne sait le chemin
d'un regard,
d'un amour.

A te chercher
dans chaque sourire
à t'espérer
dans chaque regard
je te rejoins ainsi
au détour de chaque rencontre.

La tendresse
c'est une parole ou un silence
devenu offrande.

Je t'aime
quand l'avenir
est le présent de chaque instant.

Se savoir aimé-aimant
ou amante-aimée,
se savoir en recherche d'amour
pour achever cette année.

Pour ton écoute, pour la patience de ton regard,
pour ta main, pour ton sourire et surtout, surtout,
surtout pour l'accueil de ton corps
à l'imprévisible de l'instant,
je t'offre mon goût du bonheur.

La composition de ce livre
a été réalisée par Charente-Photogravure à Angoulème,
l'impression et le brochage ont été effectués
dans les ateliers de Pollina à Luçon
pour les éditions Albin Michel
Achevé d'imprimer en novembre 1998
N° d'édition : 17884 - N° d'impression : 75969
Dépôt légal : mai 1997